CÃES SÃO DE MARTE, GATAS SÃO DE VÊNUS

EDITORA RECORD
RIO DE JANEIRO • SÃO PAULO

2003

CIP-BRASIL. CATALOGAÇÃO-NA-FONTE
SINDICATO NACIONAL DOS EDITORES DE LIVROS, RJ.

T39c   Thompson, Gerry Maguire

        Cães são de Marte, gatas são de Vênus / Gerry Maguire Thompson; tradução de
Ana Ban; ilustrações de Madeleine Hardie. – Rio de Janeiro: Record, 2003.
        il.
        60p.

        Tradução de: Cats are from Venus, dogs are from Mars

        ISBN 85-01-06545-5

        1. Cão – Comportamento. 2. Gato – Comportamento. 3. Cão – Humor, sátira etc.
4. Gato – Humor, sátira etc. I. Ban, Ana. II. Título.

        03-0190   CDD – 818
                          CDU – 821.111(73) - 8

Título original em inglês:
CATS ARE FROM VENUS, DOGS ARE FROM MARS

Copyright do texto © Gerry Maguire Thompson, 1999
Copyright das ilustrações/layout © Godsfield Press, 1999
Ilustrações de Madeleine Hardie

Todos os direitos reservados.
Proibida a reprodução, no todo ou
em parte, através de quaisquer meios.

Direitos exclusivos de publicação em língua portuguesa
para o Brasil adquiridos pela
DISTRIBUIDORA RECORD DE SERVIÇOS DE IMPRENSA S.A.
Rua Argentina 171 - 20921-380 - Rio de Janeiro, RJ - Tel.: 2585-2000
que se reserva a propriedade literária desta tradução

Impresso no Brasil

ISBN 85-01-06545-5

PEDIDOS PELO REEMBOLSO POSTAL
Caixa Postal 23.052 - Rio de Janeiro, RJ - 20922-970

Agradeço ao meu cão Vergil por ter mostrado meu próprio discernimento, poder, beleza, habilidade, genialidade, grandeza e inigualável modéstia.

Sou grata a minha gata Scrumpkins por apenas ser.

Mando todo meu carinho para Elaine Bellamy, Rhoda Nottridge e Hazel Weldon, pela inspiração, pelo apoio e por buscar comida chinesa.

Minha profunda gratidão para todo mundo em Godsfield Press e na Bridgewater Books, as parteiras literárias que lutaram dia e noite para ajudar a dar à luz esse projeto.

E glorifico sobretudo a mim mesmo, sem quem nada disso teria sido possível.

"No amor e na guerra vale tudo."
- Anônimo

UMA NOTA DO AUTOR

A extensa pesquisa que realizei antes de escrever este livro convenceu-me da profunda necessidade de um guia confiável para orientar cães e gatas nas questões de relacionamento. No mundo inteiro, esses animais enfrentam sempre os mesmos problemas e precisam começar do zero cada vez que topam com eles. Este livro está aqui para finalmente atender às necessidades mais profundas dessas atormentadas criaturas.

Na verdade, sempre encaramos os relacionamentos como desafios. Nós os desenvolvemos como um método de trazer à luz defeitos pessoais, manias irritantes e assuntos mal resolvidos. Uma ligação íntima é a situação perfeita para dois indivíduos pisarem impiedosamente um no calo do outro. Nesses termos, que tipo de relação funciona melhor do que a que existe entre cães e gatas?

Tenho viajado pelo mundo há 59 anos, dando palestras e aconselhamento a animais, e todo o meu trabalho baseia-se nos revolucionários princípios descritos neste fabuloso livro. Aonde quer que eu vá, sempre há alguém para me contar uma comovente história de como este material funciona bem na

prática. "Não sabemos nem como agradecer", disseram Pingo e Mimi, um casal de Ribeirão Preto, interior de São Paulo. "Devemos tudo a você." Os dois agora vendem franquias do meu programa de Benefícios de Iniciativa, Comprometimento, Humor e Observação™ e tornaram-se imensamente ricos. O B.I.C.H.O. está atualmente disponível em lugares tão distantes quanto a Mongólia e a Antártida.

Portanto, se você está apenas no início de um relacionamento amigável ou vive há anos com um animal de outra espécie, este é exatamente o livro que você estava procurando há tanto tempo para orientá-lo e iluminar-lhe o caminho.

INTRODUÇÃO

Pouca gente sabe, mas os cães e as gatas vieram de planetas muito distantes da nossa galáxia, sendo por isso mesmo animais completamente estranhos um ao outro. Chegados à Terra e adotados pelos humanos em um passado longínquo, acabaram se esquecendo desse aspecto fundamental da sua história. Essa é a razão básica por que os cães e as gatas de nossos dias têm relações tão desastrosas.

Neste livro incrivelmente inovador, procuro enfrentar todos os problemas clássicos e reações estereotipadas do relacionamento cão/gata. Mostro aos cães e às gatas como honrar, respeitar e atacar a outra espécie com emoção e afeto e ofereço um guia detalhado de como aprofundar o comprometimento, aumentar a motivação, eliminar a dependência, vencer as ferozes lutas mortais, e ainda assim ter tempo e disposição para comer, tudo respaldado em amplo material extraído de relacionamentos verdadeiros e conversas reais, colhido durante décadas de experiência no ramo.

Nesta nossa época de liberação, do politicamente correto e de pregação por direitos e deveres iguais, alguém precisava se levantar da multidão para encarar a verdade de frente e dizer: "Não adianta tapar o sol com a peneira. Gatas são diferentes de cães."

Com este manual, cães e gatas finalmente poderão ouvir o que o outro está dizendo e compreender verdadeiramente por que o outro é como é. Este é um livro muito, muito bom. Mesmo. Tanto que me deixou perdidamente apaixonado por mim mesmo.

E, com um pouco de sorte, talvez até mesmo os humanos possam aprender uma coisinha ou duas aqui.

CÃES E GATAS — SERÁ QUE SÃO TÃO DIFERENTES ASSIM?

Sim. Posso afirmar categoricamente que são. Meus muitos anos de intensa e inovadora pesquisa e especialização na área me convenceram, sem a menor sombra de dúvida, de que gatas (*Felis gattus*) e cães (*Canis cachorrus*) têm características básicas diferentes e contrastantes. E digo mais: tais características distintas influenciam profundamente seus padrões de comportamento.

Cães e gatas não falam a mesma língua, e isso não é tudo. Têm também expectativas totalmente divergentes quanto a relacionamentos. Curtem sua intimidade de maneiras distintas, têm objetivos de vida próprios, vivenciam

suas emoções de modo desigual e lidam com seus problemas de forma radicalmente peculiar. Ambos são obcecados por comida, mas por motivos completamente diversos. Os efeitos práticos de todas essas diferenças serão esclarecidos durante a leitura deste livro, mas podemos adiantar alguns elementos-chave:

★ Cães e gatas lidam de maneira diferente com o estresse. Gatas dormem. Cães se esquecem daquilo que os preocupava.

★ Cães e gatas são motivados por coisas diferentes. Cães são motivados por fidelidade, competitividade, luta por comida, a visão de uma coleira para passear, luta por comida, busca da felicidade, pedaços de pau atirados longe e luta por comida. Gatas não são motivadas por nada.

★ A fixação por comida entre cães e gatas é diferente. Cães se preocupam com a quantidade de comida no prato. Gatas com o preço da comida.

★ Cães têm problemas de consciência. Por isso estão sempre com um ar meio culpado e acabam entregando tudo. Gatas já superaram essas tolices.

★ Gatas gastam horas e horas meditando sobre quem somos, de onde viemos e para onde vamos. Um cão não consegue pensar sobre isso mais do que sete milissegundos. Não se encontram grandes pensadores entre eles.

★ Cães são criaturas de ação, adrenalina, aventura e exercícios. Adoram carros, esportes, corridas, chopinhos, consertar coisas quebradas e outras tarefas caseiras. Gatas acham isso tudo tão divertido quanto uma ida ao dentista.

Para melhorar o relacionamento, cães e gatas precisam entender sinceramente o que anima o outro, em vez de rotulá-lo como um extraterrestre problemático e imprestável. Precisam aprender a pensar como o outro.

Assim, uma gata precisa pensar como um cão. Precisa lembrar, por exemplo, que os cães não têm um senso inato do que é certo e do que é errado. Que são criaturas bem simples, capazes de compreender somente comandos básicos, gestos claros, tratamento firme e castigos impiedosos e inclementes. E um cão precisa pensar como uma gata. Deve lembrar que as gatas não se preocupam muito com conceitos como utilidade e propósito, que para elas basta "ser" — um conceito tão alienígena para a mente canina que é difícil para ela sequer começar a captar o conteúdo.

Se as gatas e os cães começarem a compreender por que cada um deles se sente desta ou daquela forma, então poderão se entender melhor, valorizar suas diferenças, compartilhar com mais eficiência suas vidas e infligir dor de modo bem mais profundo, vivendo um relacionamento muito mais gratificante e recompensador.

COMO CÃES
E GATAS CONVERSAM

Por não serem da mesma espécie, os métodos de comunicação de cães e gatas são diferentes. Uma conversa típica entre os dois poderia começar assim:

Ela: Por que você nunca presta atenção no que eu falo?

Ele: Disse alguma coisa, amor?

Gatas gostam de fofocar sobre assuntos que os cães têm na conta de frivolidades, mas que para elas são as grandes questões da vida. Assuntos como compras, preço da comida, qual o peixe da estação, além de quilométricos relatos de como passaram o dia mesmo que não tenham feito absolutamente nada. Cães gostam de conversar sobre pedaços de pau, futebol, quantos quilômetros correram, suas últimas conquistas sexuais, a extensão de seu território e a consistência de seu cocô. Mas isso só quando

eles realmente conversam, pois há sempre uma outra coisa que os cães preferem a conversar. Qualquer outra coisa.

Quando os cães conversam, são diretos e literais. Não lêem nas entrelinhas, não entendem insinuações ou comentários irônicos com farpas para todos os lados. Já as gatas são mestras nas artes da comunicação indireta e sutil e do exagero criativo. Gatas também manejam com destreza pausas dramáticas, embora seja um desperdício de talento usar tais recursos com os cães.

A arte de saber ouvir é crucial nos relacionamentos. Nisso também cães e gatas têm habilidades diferentes. Gatas só ouvem o que é dito quando são acariciadas, abraçadas ou elogiadas de

algum modo. Cães só prestam atenção quando escutam seu nome. O que chega até seus ouvidos nessas ocasiões é uma longa seqüência de resmungos e murmúrios incompreensíveis com uma ocasional menção ao seu nome. Um bom exemplo é o caso de Pingo e Mimi, um casal que me procurou por causa de suas dificuldades de comunicação. Expliquei a Mimi que, se quisesse que Pingo se concentrasse no que ela dizia, deveria repetir o nome dele em todas as frases, como no seguinte exemplo:

— Pingo! Está me ouvindo, Pingo? Bom, Pingo! Agora, Pingo, preste atenção, pois vou falar uma coisa muito importante, hein, Pingo? (Ponha aqui a coisa muito importante), Pingo. Tudo bem, Pingo?

Com mais experiência, ela poderia em seguida descobrir maneiras criativas de introduzir sorrateiramente o nome dele no meio das frases, quando estivesse falando de outras coisas:

★ "Você não tem um *pingo* de consideração por mim." Ou:
★ "Olhei, olhei mesmo para aquele cara bonitão e não senti nem um *pingo* de culpa." Ou ainda:
★ "Caiu um *pingo* de molho no meu vestido. Podia pegar um pano para limpar?"

Já para os cães, meu conselho não é que aprimorem suas habilidades de ouvinte. É melhor que desenvolvam outras técnicas úteis. Uma delas é fingir que está prestando tanta atenção no que a companheira está falando que é incapaz de qualquer outra ação física ou mental. Basta fixar o olhar no rosto dela com as orelhas eriçadas e apontadas para ela. Desta forma, ela vai se sentir realmente ouvida e compreendida, enquanto sua mente vagueia pelo universo.

ESTÁ OUVINDO O QUE ESTOU DIZENDO?

Cães e gatas já foram capazes de entender o que outro falava, mas tal habilidade se perdeu na noite dos tempos. O problema é que, quando uma gata diz algo a um cão, este ouve algo bem diferente do que ela queria dizer. Ele toma as palavras pelo significado delas para a sua espécie. E, quando o cão fala com a gata, esta também o entende nos termos de sua própria espécie — o que é totalmente diferente do que o cachorro pretendia dizer.

Brutus e Kity eram outro casal com problemas de comunicação. Quando vieram ao meu consultório, as coisas já tinham se deteriorado a tal ponto que a relação estava prestes a implodir. Suas conversas seriam mais ou menos assim: Brutus passava o dia inteiro rodando pelas vizinhanças com os amigos, revirando latas de lixo e latindo para estranhos e, quando chegava em casa e encontrava Kity agitada, dizia:

— Au-au.

Quando Brutus dizia isso, o que Kity ouvia era:

— Puxa, Kity, você parece nervosa. Posso ajudar em alguma coisa?

Mas o que Brutus realmente dissera tinha sido:

— Au-Au.

Então, Kity respondia:

— Miau-Miau.

E o que ela queria dizer era:

— Você é um imprestável e não dá a mínima pra mim. Você está se lixando para o que eu sinto. Tudo o que eu estou passando é culpa sua.

Com isso, ela esperava que Brutus dissesse algo como:

— Oh, meu amor, coitadinha de você. Vem, vamos sentar aqui pra que você possa ficar se lamentando no meu ouvido e mostrando que é tudo culpa minha por horas e horas e horas.

Mas o que Brutus realmente ouvia era:

— Miau-Miau.

O que o levava a responder:

— O jantar está pronto?

Essas discrepâncias vêm das maneiras opostas com que os cães e as gatas lidam com a vida. Gatas esperam que os outros pressintam suas necessidades e carências. Cães pedem o que querem. Daí os problemas de comunicação de Brutus e Kity. Depois de longa e intensa orientação, ambos começaram a melhorar seu entendimento. Hoje Brutus é capaz de compreender que quando Kity fala "miau" ela quer dizer "você não vale o osso que rói".

É claro que essa comunicação ainda está longe do ideal. Essas duas criaturas obviamente desejam coisas muito diferentes. Kity quer ser amada, segura, apreciada e bastante desagradável com Brutus. Brutus tem desejos mais simples: ele quer o jantar. Kity precisa entender que Brutus não consegue dar atenção a mais nada quando seu estômago está roncando. E Brutus precisa compreender que, por mais atenção que dê a Kity, ela nunca vai deixar de reclamar. Nada que ele faça jamais será o bastante.

No fim, Brutus encontrou paz de espírito parando de se preocupar com essas coisas, procurando apenas jantar e dormir. Kity, por sua vez, infelizmente parou de comer e morreu.

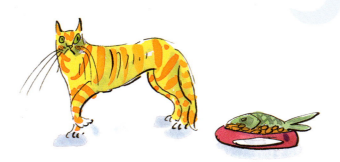

DICIONÁRIO PARA CÃES E GATAS
★

Frases de gatas e o que significam na língua dos cães:

"Eu te amo" = *"Pega um leite pra mim"*

"Eu te amo muito" = *"Pega um leite pra mim já"*

"Eu jamais vou amar outro alguém" = *"Eu te mato se você não trouxer esse leite agora mesmo"*

"FFFFSSSSSSSSSSSTTTT!" = *"Me deixa em paz"*

"Me deixa em paz" = *"Preciso de atenção"*

"Me ajuda" = *(A linguagem canina não tem nada correspondente, porque cães não pedem por ajuda)*

Frases de cães e o que significam na língua das gatas:

"Eu te amo" = *"Eu te amo"*

"Eu te amo muito" = *"Eu te amo muito"*

"Eu jamais vou amar outro alguém" = *"Eu jamais vou amar outro alguém"*

"Me deixa em paz" = *"Me deixa em paz"* etc. etc. e por aí vai.

O QUE NUNCA SE DEVE DIZER

Aqui estão algumas coisas que um cão nunca deve dizer a uma gata:

"Estou me lixando"

"É tudo culpa sua"

"Você está errada"

"Você não vai entender mesmo"

E aqui, algumas coisas que uma gata nunca deve dizer a um cão:

Nada. Gatas podem falar o que quiserem para os cães.

LIDANDO COM PROBLEMAS

Gatas e cães estão a anos-luz de distância em suas reações aos problemas de um relacionamento.

Quando uma gata se sente cercada de problemas e carregando todo o peso do mundo nas costas, quer que todos saibam como o seu sofrimento é único e profundo. Ela gosta de procurar amigos a altas horas da noite e choramingar em seus ombros. Já quando um cão não sabe como lidar com uma situação, sua resposta é bem diferente. Ele precisa botar as idéias em ordem, preciso se afastar da gata — ele precisa ir para sua casinha.

Snoopy e Lupe são indivíduos que volta e meia se encontram nesta situação. Snoopy chega em casa depois de um massacrante dia de trabalho e sua maneira de relaxar é ficar largado à toa. Mas, para se sentir melhor, Lupe gosta de berrar e gritar com Snoopy. Em pouco tempo, o ar está cheio de tensão e eletricidade. Lupe sente-se ignorada, e Snoopy sacaneado.

Neste cenário, Lupe continuaria a pressionar Snoopy mais e mais, tentando fazer com que ele tomasse alguma iniciativa. Ela seria capaz até de tentar arrancar a dentadas um pedaço de sua orelha, o que finalmente levaria Snoopy a revidar. Lupe, naturalmente mais ágil, conseguiria fugir de suas investidas. Depois disso, teríamos uma longa, extenuante e arriscada perseguição através dos aposentos, com direito a enfeites quebrados, estofados rasgados e móveis derrubados. Snoopy, frustrado com sua incapacidade de agarrar a rápida e esguia Lupe, bufaria de raiva e informaria que estava se retirando para sua casinha. E de imediato a mente de Lupe reagiria pensando: "Que horror.

Acabou tudo. Quem eu vou atormentar e perturbar agora? Me sinto péssima. Preciso de um pouco de leite."

Expliquei a Lupe que o período passado na casinha é parte muito importante na vida de um cão. Na casinha, ele pode se concentrar na coisa mais importante de sua vida — como conseguir mais comida. O que Snoopy está querendo dizer com sua atitude é: "Acho que vou me recolher um pouco. Quando eu levantar, vou estar com fome, e a fome sempre apaga tudo da minha mente." É assim que o cão lida com seus problemas. É compreensível, entretanto, que Lupe se desespere nestas horas: se um cão perde a vontade de estraçalhar uma gata a dentadas até só sobrarem pedacinhos, ela naturalmente pensa que o problema é com ela. Ela quer que ele saia logo dali para entrar no inferno que ela vai fazer da vida dele.

Expliquei a Lupe que o melhor que ela poderia fazer é divertir-se sozinha. Quando Snoopy perceber que Lupe está feliz e contente, logo sentirá vontade de voltar ao velho rala-e-rola das correrias de sempre.

Coisas que uma gata pode fazer quando um cão está amuado em sua casinha:

★ Sair para pescar
★ Ir a um escovador de pêlo
★ Comer a comida do cão
★ Fazer análise
★ Fazer compras
★ Não fazer nada

ENTENDENDO OS
SENTIMENTOS DO PARCEIRO

Para se relacionarem bem, cães e gatas devem compreender as emoções bastante diferentes um do outro. Pode ser um processo lento, demorado e cansativo, mas talvez, se eu explicar e mostrar o significado de uma ou duas dessas emoções, possa facilitar um pouco as coisas.

É muito mais fácil para a gata entender as emoções do cão do que o contrário. Isso acontece porque, na verdade, os cães não têm lá muitas emoções. Basicamente, estão sempre demonstrando um entusiasmo incontido ou sofrendo de um tédio sombrio e torturante. Claro que eles também têm profundos desejos por comida, sexo e exercício, mas isso se manifesta através do entusiasmo incontrolável. O tédio vem quando o entusiasmo passa e eles ficam esperando pelo próximo episódio de irrefreável entusiasmo.

Por outro lado, as gatas são muito mais complexas emocionalmente. Algumas de suas emoções mais comuns são raiva, cobiça, inveja, ódio, despeito, indiferença, alienação e extravagância. Apresentam na verdade toda a ampla gama de emoções experimentadas pelos humanos, fora uma ou outra que elas inventaram para uso exclusivo. Descobri que esta enorme diferença se deve à ausência nos cães do cromossomo X presente nas gatas. Essa ausência explica também por que os cães são criaturas menos sensíveis, sutis, suscetíveis e ignorantes das regras de etiqueta.

Em suas interações, cães e gatas precisam levar em conta suas diferenças emocionais, ou fica muito fácil para a gata adotar a imagem preconceituosa do cão como um traste insensível, com a sutileza de um elefante numa loja de louças. Do mesmo modo, o cão tem a irreprimível tendência de enxergar a gata como uma prima-dona histérica e caprichosa, sempre criando tempestades em copo d'água. Cada um precisa examinar o que de fato o outro está passando para abandonar suas idéias preconcebidas sobre o comportamento do outro. Um cão precisa encontrar meios de demonstrar que está entendendo os sentimentos de uma gata, mesmo que não tenha a mais vaga idéia de quais sejam, o que, de qualquer forma, jamais terá. Do mesmo modo, a gata tem que descobrir como manifestar interesse

pelos sentimentos do cão, uma hipótese ainda mais remota e improvável.

Cães e gatas têm suas próprias maneiras de demonstrar afeição e comprometimento na relação, e é importante que ambos sejam capazes de reconhecer estes sinais de consideração e apreciá-los. O modo favorito de um cão demonstrar afeto por uma gata é cair no sono enquanto ela fala. E a mais alta expressão da gata para mostrar que aceita o cão é arrancar fora seus olhos com suas afiadíssimas garras. Isso é o equivalente felino do famoso fenômeno emocional humano conhecido por Tensão Pré-Menstrual, só que a gatas acontece o tempo todo. Por isso lembrem-se os cães de que esse gesto é apenas a forma que a gata encontrou para estreitar os laços cada vez mais íntimos e afetuosos entre vocês.

E AS MINHAS NECESSIDADES?

Cães e gatas têm necessidades emocionais distintas, que afetam bastante suas relações. Gatas querem elogios. Muitos elogios. Querem ouvi-los o tempo todo, repetida e consistentemente, ou começam a desconfiar de que tudo aquilo é só da boca para fora e não uma declaração sincera, do fundo do coração. Já os cães acreditam que qualquer coisa dita uma vez continuará valendo como verdadeira, até prova em contrário. Esse foi um problema para outro casal que procurou minha ajuda, Bob e Fifi. Eis um exemplo de suas conversas:

Fifi: Você me ama?

Bob: Claro que amo.

Fifi: Então por que nunca diz que me ama?

Bob: Mas eu disse.

Fifi: No ano passado.

Bob: Então, qual o problema?

Há obviamente aqui uma dissonância entre pontos de vista. Bob pensa que já superou o assunto, mas Fifi sente-se mal-amada e acha que suas súplicas caem em ouvidos surdos. À medida que a conversa avança, mais óbvia se torna a dissonância:

Fifi: Como posso saber que me ama se você nunca me diz?

Bob: Por acaso já lhe disse alguma vez que não a amava mais?

Fifi: Não.

Bob: E alguma vez já lhe disse "ah, e por falar nisso, eu odeio você"?

Fifi: Não...

Bob: Então isso quer dizer que eu continuo te amando, tá?

Não é bem esse o reconhecimento que Fifi está procurando. Além do mais, a essa altura Bob está começando a achar que ela está fazendo muito barulho por nada. Aconselhei-os a se conscientizarem da dissonância de pontos de vista se quisessem melhorar a comunicação e fortalecer o relacionamento.

Cães também gostam de sentir como são tremendamente importantes e querem estar seguros desta importância. Por isso, quando o cão estiver a fim de falar, a gata deve sempre fingir que está realmente interessada em suas palavras, o que, é claro, jamais virá a acontecer. A gata deve emitir volta e meia alguns sons compreensivos e curiosos, como "Hum-hum", "Sei, sei" ou "É mesmo?" e "Jura?". Não importa o quanto o cão seja chato, seu vocabulário limitado, sua gramática pobre e o assunto aborrecido, a gata precisa passar por cima de tudo isso e agir como se o que está ouvindo fosse a mais intrigante e fascinante das revelações. Não é necessário um grande talento de palco para isso, 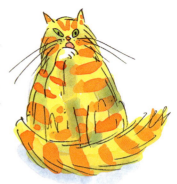 o cão é geneticamente inclinado a acreditar em seu dom de cativar o ouvinte. A gata pode, é claro, tentar desviá-lo de temas caninos particularmente entediantes ou sobre os quais ele pode se estender interminavelmente — futebol, informática ou pedaços de pau, por exemplo.

Além disso, um cão precisa ouvir comentários sobre sua incomparável força, incomensurável coragem e valentia, enorme força de vontade, sua capacidade de manter as coisas sempre sob controle e como nada funcionaria certo se não fosse por ele. Depois de ouvir essas coisas de uma gata, um cachorro irá reclinar-se extasiado em sua poltrona favorita, dando chance aos felinos de porem todas as coisas em ordem — principalmente caindo no sono.

INTIMIDADE

Intimidade é um elemento-chave para relacionamentos estáveis. Qualquer relação que a negligencie está correndo sério perigo. O problema é que cães e gatas têm idéias diferentes do que é intimidade.

Por exemplo, Frufru tinha um relacionamento promissor com Gonzo. Eles pareciam estar caminhando a passos largos para constituir família, apesar de não dividirem ainda o mesmo teto. Certo dia Frufru ligou para Gonzo porque estava sentindo falta de passarem um dia juntos, relaxar, se divertirem, enfim, ter um tempo só pra eles e ver o que acontecia. Gonzo achou ótima a idéia e chamou Frufru para passar na casa dele para uma noitada agradável e íntima.

Só que quando Frufru chegou descobriu que Rover, Rufus, Fido e Rex, os melhores amigos de Gonzo, também estavam lá. Gonzo havia chamado todos eles para passarem a noite juntos, assistindo à tevê, trocando insultos, tomando uma cervejinha e disputando para ver quem era mais importante no grupo. Não era bem isso que Frufru queria. No fim da noitada, quando Frufru foi embora, Gonzo disse que adorou a experiência e que nunca se sentiu tão próximo dela, o que o deixou ainda mais surpreso quando, no dia seguinte, ela terminou tudo.

Isso me traz à mente outra história. Buba e Duda são um casal que mora junto. Ambos têm vidas profissionais atarefadas, com agendas totalmente tomadas. Duda tem

que cumprir seus compromissos de fuçar latas de lixo, enterrar ossos, patrulhar seu território e seguir seu dono pela casa toda vez que ele levanta da cadeira. Buba, por sua vez, precisa gerenciar seu tempo entre recusar comida, olhar através da vidraça e dormir muito.

Obviamente, todos esses compromissos profissionais limitam o tempo que eles têm para ficar juntos. Mas cada um tem sua própria escala de importância para esses momentos de intimidade, o que pode ser comprovado ouvindo-se o que eles contam a seus amigos no fim de semana.

— É, essa foi uma boa semana para mim e Buba — explica Duda aos amigos, enquanto imploram por batatas fritas aos humanos no bar. — Tivemos três noites só para nós dois.

Um murmúrio canino de espanto e admiração pode ser ouvido quando Rod, um vira-lata sem dono, comenta:

— Nossa, quanta dedicação! Você gosta mesmo de uma coleira, hein?

Enquanto isso, Buba

está no quintal dos fundos com suas colegas, correndo atrás de sacos plásticos levados pelo vento, ouvindo as últimas fofocas e comentando sobre a decadência da vizinhança e do relacionamento.

— Nossa, essa foi uma semana terrível para mim e Duda. Mal nos vimos. Só passamos três noites juntos.

Uma onda felina de indignação percorre o grupo, enquanto Marla, uma gata mais velha, comenta:

— Você está deixando esse cachorro fazer gato-sapato de você.

Mesmo relacionamento. Mesmos animais. Mesma semana. Histórias diferentes.

Em última instância, essa situação vai erodir o relacionamento até o mais amargo fim. Duda vai ficando cada vez mais complacente, imaginando que as coisas estão correndo às mil maravilhas, enquanto Buba se sente como uma morta-viva capturada num pesadelo sem fim. Eis aí uma relação com os dias contados, em seus últimos espasmos de morte. Mesmo relacionamento. Histórias diferentes.

A verdade é que gatas são dependentes químicas de intimidade. É a droga pela qual almejam. Quanto mais têm, mais e mais querem. Os cães fogem da intimidade. Na melhor das hipóteses, acham-na uma perda de tempo. Na pior, acham que é algo constrangedor e motivo de desonra e vergonha. Na verdade, qualquer declaração de afeto é um anátema para os cães, um verdadeiro tabu — a menos que envolva um ser humano, e neste caso, por alguma razão desconhecida, eles não vêem nenhum problema em mostrar ao mundo o que sentem.

Como vimos, cães simplesmente não gostam de dizer "eu te amo" para uma gata. Há um milhão de razões para não proferirem esta frase. Acham frescura. É batida. É brega. Já disseram antes. Agora não dá. E assim por diante.

Para resolver este dilema, o casal precisa descobrir maneiras aceitáveis de dizer "eu te amo" um para o outro, a gata de forma a não deixar o cão desnecessariamente enjoado, e o cão sem comprometer sua masculinidade. Eis alguns exemplos:

Maneiras aceitáveis no código dos cães para dizer "eu te amo" a uma gata:
— Oi.
— Dia bonito, hein?
— Nossa, como você está bonita hoje.
— Eu te odeio.

Maneiras disfarçadas aceitáveis de dizer "eu te amo" para um cão:
— Oi, gostosão.
— Posso pegar no seu bíceps?
— Te mato, bundão.
— Também te odeio.

MANIAS DESAGRADÁVEIS E IRRITANTES

Manias irritantes são parte importante em qualquer relação gata/cão. Na verdade, cada um enxerga o outro como um amontoado de hábitos desagradáveis que vão de enervantes a exasperadores. É importantíssimo que cada parte reconheça seus exageros e se responsabilize por eles rapidamente, o que esvaziará imediatamente as reclamações da parte contrária. O ponto principal nisso tudo é entender como essas manias são percebidas pelo outro.

Gatas vêem os cães como uma pilha de traços repugnantes

e nauseabundos. Cães nunca se limpam direito. Acham que escovar o pêlo é perda de tempo. Cumprimentam-se cheirando o traseiro um do outro. Fazem na rua coisas que só deviam ser feitas entre quatro paredes. Deixam bolos fecais à mostra nas calçadas. Entregam-se aos impulsos da carne e transam à luz do dia. Entregam-se totalmente a lamberem suas partes em público, sem dar a mínima para quem esteja olhando. Tentam até mesmo sexo com pernas humanas. E ainda comem as mais apavorantes e revoltantes coisas.

E não é só isso. Cães latem insistentemente sem nenhuma razão aparente. Roem a correspondência assim que

ela é jogada por baixo da porta. Fazem tudo para agradar. Olham para você com a boca cheia d'água e olhos suplicantes quando querem alguma coisa. Odeiam ficar quietos, mesmo que por trinta segundos. São possessivos e ciumentos, você tem que ser amigo deles e de mais ninguém. São paranóicos quanto a quem manda na área: precisam saber a sua posição em relação a todo mundo em volta e na hierarquia da masculinidade.

Além disso, os cães acham que os hábitos das gatas vêm de sua neurótica preocupação consigo mesmas, seu narcisis-

mo, sua indolência e sua frescura. Gatas raramente fazem algo construtivo ou útil e ainda assim sempre parecem bem-alimentadas e bem-tratadas. Nunca vão buscar jornais e nem latem para estranhos. Se um gatuno invadir a casa no meio da noite, a gata fica contente se o bandido lhe der um pouco de leite. Sentam-se bem na frente da lareira, de modo que ninguém mais receba o calor do fogo e não suportam a menor corrente de ar. Passam o dia limpando-se, escovando-se e arrumando-se. Podem gastar uma hora se limpando, mesmo que já estivessem limpas quando começaram. São totalmente caprichosas e exigentes quanto à comida, companhia e mil outras coisas. Levam horas escolhendo um lugar para deitar e mudam de idéia um monte de vezes antes de se decidirem. Elas simplesmente parecem completamente fascinadas pelo próprio umbigo. E, ah, nunca param de bocejar.

E não pára por aí. Gatas são criaturas sorrateiras. Escondem engenhosamente seu cocô, o que é um enigma desconcertante para cães: qual a graça de produzir a coisa se você não a usa para marketing pessoal? As gatas se dão ao trabalho de só se entregarem aos jogos do amor na mais alta madrugada, sem ninguém por perto e aí fazem o maior escândalo, acordando toda a vizinhança. E elas têm sua maneira própria de serem nojentas: nenhum cão pode se comparar a uma gata na hora de produzir uma caixinha de areia fedorenta.

Gatas ainda gostam de caçar inocentes e vulneráveis passarinhos e camundongos, arrancar suas frágeis e minúsculas cabecinhas e deixar seus restos mutilados à mostra para impressionar os humanos, sem que sequer lhes passe pela cabeça comê-los. E ainda demonstram uma crueldade particularmente repulsiva para os cães — você pode apostar que antes do golpe de misericórdia nesses pobres passarinhos e camundongos, eles foram laboriosamente desmembrados e libertados, somente para serem novamente capturados para que o esquartejamento continuasse, numa revoltante e trabalhosa tortura que as gatas enxergam como um grotesco "jogo". Gatas também se orgulham de serem capazes de esgueirar-se pelos cantos, silenciosamente, apenas para pular em sua frente vindas do nada e lhe darem o maior susto de sua vida.

Levando tudo isso em conta, cães e gatas têm muito o que fazer se quiserem aceitar as manias irritantes um do outro. Meu conselho é — nem tentem. É perda de tempo. Vamos encarar os fatos: certas coisas nunca mudam.

CONFLITO

A questão do conflito é a preocupação central em qualquer relacionamento, ainda mais quando se trata de cães e gatas. O conflito pode fazer um grande estrago e deixar marcas em um ou em ambos — e, quando falo marcas, não são só psicológicas, mas também feias cicatrizes bem reais.

Minha pesquisa demonstrou que o conflito não é necessariamente algo negativo. Na verdade, pode ser bastante criativo e não deve ser evitado nem reprimido. Explico aos meus clientes que qualquer parceria que consista puramente em carinhos meigos, doçura e momentos luminosos não passa de um completo engodo. Sob a superfície, há um caldeirão fervente de negação emocional, raiva reprimida, amargura e ódio — um vulcão pronto para explodir a qualquer momento. Digo a eles que a melhor coisa a fazer é deixar fluir toda a raiva, amargura, ódio e desprezo. No fundo do seu coração, assim como os cães e as gatas, você já deve estar ciente disso há muito tempo. Não se deve sentir-se culpado por isso. Conecte-se com aquele sanguinário lobo logo abaixo da superfície ou aquela besta-fera à espreita dentro de todos nós, bem abaixo do fino verniz de civilização.

O objetivo em qualquer relação cão/gata, portanto, é maximizar o potencial criativo que o conflito encerra — então, solte a franga e faça isso valer a pena cada segundo. Mantenha o conflito vivo e seu relacionamento terá sempre uma base sólida na inimizade profunda e duradoura.

VERGONHA E CULPA

A atribuição de culpa é uma das fontes mais comuns de conflitos em relacionamentos. Humanos avaliam que é importante ouvir sem culpar, mas cães e gatas, ao contrário, precisam aprender a culpar sem ouvir. Ambos precisam cultivar essa habilidade, porque acham isso muito difícil. Cães são bons em não ouvir, mas não são muito bons em culpar — algo muito complexo e analítico para suas mentes.

Cães estão muito mais interessados em saber o que vai acontecer em seguida do que de quem é a culpa do que já aconteceu. Gatas, por outro lado, são muito boas em culpar, mas incapazes de não ouvir. Sua lendária curiosidade sempre as arrebata — uma parte de sua mente está sempre pensando que já, já alguma suculenta revelação vai aparecer, seja qual for o assunto. É por isso que gatas ouvem mesmo quando estão dormindo profundamente.

Não obstante, a culpa pode ser usada criativamente como fonte de conflito. Gatas fogem dela como o diabo da cruz, usando seus grandes, maravilhosos e inocentes olhos que parecem sempre estar dizendo: "Quem, eu? Eu jamais faria algo assim." Para piorar a situação, gatas são incrivelmente intuitivas e podem dizer imediatamente quando estão sendo enganadas, ao passo que cães são absolutamente incompetentes na arte de mentir. Até os humanos podem dizer quando um cão está mentindo.

FAZENDO AS COISAS DO SEU JEITO

Na aurora da terapia de casal, ambas as partes eram aconselhadas a cederem e se auto-sacrificarem para evitar o naufrágio. Hoje, digo aos meus clientes que ceder é um erro crasso. Abrir mão de sua posição é tolice. Baixar a auto-estima é um atentado a si mesmo. Auto-afirmação é o que está em alta.

Em nome do bem-estar de seu relacionamento, você deve dominar seu parceiro completamente. Você não pode ter o Mandachuva e o líder da gangue dos dobermanns compartilhando o mesmo teto; afinal de contas, vocês não são seres humanos. O truque é levar seu parceiro a fazer exatamente o que você quer sem parecer controlador. Isso exige sutileza e perversão, e é por isso que neste quesito os cães levam desvantagem.

Na verdade, gatas serão sempre mais eficientes em dominação manipuladora. Mas é preciso ter cuidado. Tomemos como exemplo a parceria entre Felpudo e Pêlo-Longo. Quando Pêlo-Longo encontrou Felpudo, sentiu uma atração imediata, embora pudesse ver que ele era um desastre. Era letárgico e gordo. Nunca cortava o pêlo. Seu focinho estava sempre seco e tinha um bafo horroroso. Não conseguia ter um trabalho estável, nem o de levar o jornal para o dono. E era viciado em televisão. Felpudo era mesmo um pobre coitado. Ainda assim, Pêlo-Longo pensou: "Posso salvar esse cão. Junto de mim, ele vai se transformar numa história de sucesso e nós vamos viver felizes para sempre."

Mas não foi o que aconteceu. Em vez disso, Felpudo piorou cada vez mais. Logo, ele não admitia ser incomodado nem quando assistia à Sessão da Tarde. E quanto mais Pêlo-Longo tentava melhorá-lo, pior ele ficava. Foi quando Pêlo-Longo decidiu me consultar. Depois de algumas sessões, descobri que o problema era a repetição de um padrão. Pêlo-Longo sempre teve atração por cães negligentes que não tinham nada a oferecer e sempre tentava mudá-los, transformando-os em sua idéia de como um cão devia ser. E sempre falhava e se culpava.

No final, Pêlo-Longo percebeu que esse problema vinha de seu histórico familiar. Seu próprio pai havia sido um indivíduo de má reputação, que só aparecia quando a mãe de Pêlo-Longo estava no cio e depois desaparecia novamente. Pêlo-Longo sequer o havia conhecido. Agora passava a vida procurando derrotados e tentando transformá-los. E isso claramente jamais funcionaria. Através de um profundo trabalho em seus traumas, Pêlo-Longo conseguiu finalmente reverter essa tendência, e agora é muito mais feliz. Parou de tentar mudar Felpudo. Este continua sendo um cão completamente desleixado, mas isso não importa mais, porque Pêlo-Longo também ficou assim.

Mesmo que você não seja capaz de alterar a personalidade de seu parceiro, há alguns aspectos importantes que podem ficar do jeito que você quer. Por isso, lembre-se:

★ Estimule e apóie atividades aceitáveis demonstrando simpatia e admiração.

★ Desencoraje atitudes inaceitáveis através de castigos violentos e crueldade incomparável.

FALANDO A LINGUAGEM CORPORAL

Cães e gatas têm, é claro, linguagens corporais completamente diferentes. Entender o que o seu parceiro realmente quer dizer através de seus gestos e movimentos vai ajudá-lo bastante a aprofundar a relação e, de modo geral, a conseguir que as coisas sejam do jeito que você quer. Mas é importante aprender a distinguir quando seu parceiro deve ser levado a sério — o que pode ser uma questão de vida ou morte — e quando ele está meramente fazendo um teste, o que acontece na maior parte do tempo. Eis alguns exemplos de linguagem corporal, com uma explicação do que significam na prática:

LINGUAGEM CORPORAL FELINA PARA CÃES

★ Esfregar-se em você: ela quer alguma coisa — momento favorável para negociações.

★ Marcar terreno, arquear a coluna, sibilar, arrepiar os pêlos (ficando parecida com um arbusto de espinhos): não dê chance ao azar, cara.

★ Correr pela casa que nem maluca, subindo pelas cortinas: você está fazendo-a subir pelas paredes. Continue assim, garotão.

★ Arrancar seus olhos fora com suas garras: pode ser tanto um sinal de desaprovação quanto de aceitação.

LINGUAGEM CORPORAL CANINA PARA GATOS

★ Parecer o mais alto possível, pêlos eriçados na nuca, lábios curvados, ranger de dentes: se você quiser alguma coisa, vai ter que esperar.

★ Encolher-se todo, meter o rabo entre as pernas, com as orelhas caídas: medo abjeto — um bom momento para seu ataque.

★ Rolar sobre as costas, mostrando a barriga: submissão — carta branca para você.

★ Abanar o rabo: não quer dizer nada — basicamente, é uma indicação de que o cão está vivo.

PARCEIROS NOVA ERA

As diferentes facetas da assim chamada Nova Era trouxeram ainda mais inquietação para os relacionamentos entre espécies diferentes.

Primeiro surgiu o feminismo, a febre do politicamente correto e todo um novo conjunto de regras a se somarem à numerosa gama de regulamentos que já existia antes. Papéis foram redefinidos e novos protocolos estabelecidos. Parecia ser impossível fazer algo certo sob estas condições, especialmente para um cão.

Ainda assim, havia algumas vantagens para os canídeos. Por exemplo, no passado, se uma gata subisse em uma árvore e ficasse presa lá em cima, ela ficaria esperando que o cão a percebesse, saísse correndo afobadamente, como se estivesse num filme, encontrasse um bombeiro, puxasse-o pela manga e, através de histérica linguagem não-verbal, fizesse-o compreender que um felino estava em perigo e precisava ser resgatado. Hoje em dia, entretanto, o cão, numa situação dessas, pode simplesmente retrucar: "Você não é toda moderna, toda independente? Então desce daí sozinha. Além disso, agora estou ocupado enterrando meu osso."

Depois, surgiu a síndrome do "Novo Cão". De repente, os cães começaram a achar que precisavam desenvolver seu

lado felino, fingindo que eram algum tipo de gato — recusando comida, ronronando, oferecendo-se para lavar a louça, esse tipo de coisa. Foi um desastre total. Cães não foram feitos para essas atividades e gatas acharam-nos patéticos. O que as gatas realmente querem não é um Novo Cão, mas um Verdadeiro Cão — viril, másculo, direto, insensível, nada a ver com uma gata. Querem algo que desafie sua inteligência e que seja bom de morder.

Felizmente, isso já ficou para trás. Outras idéias Nova Era parecem um pouco mais atraentes. A atitude felina da moda é a meditação zen e uma gata pode realmente entrar nessa. Assim, pode passar 98% de seu tempo "apenas sendo" e, de repente, explodir e transformar-se em uma bola de pêlos ninja, uma mestra das artes marciais orientais capaz de matar com um

único golpe bem aplicado. É uma combinação bastante boa.

A tendência canídea Nova Era é explorar O Caminho do Guerreiro e ele realmente gosta disso. Ele pode saborear sua identidade Neandertal, deleitando-se com o papel de caçador-coletor primitivo. Mas ele também pode assumir sua fragilidade, sua Vulnerabilidade Interior, quando bem lhe convier sem maiores prejuízos — quando a oposição for insuperavelmente assustadora e aí ele passa a ter uma ótima segunda opção.

Uma palavra de precaução, contudo — Não leve essa coisa de Nova Era longe demais. Sexo tântrico entre cães e gatas, por exemplo. Simplesmente não é uma boa idéia.

UMA PALAVRA FINAL

As diferenças entre cães e gatas são muito profundas. Demora normalmente cerca de vinte anos para entendê-las e superá-las. Como poucos desses animais vivem mais do que quinze anos, no entanto, isso representa um belo desafio. Talvez seja por isso que as coisas nunca mudam muito entre essas duas espécies.

Bom, pelo menos cães e gatas não precisam dizer um ao outro que roupa usar.

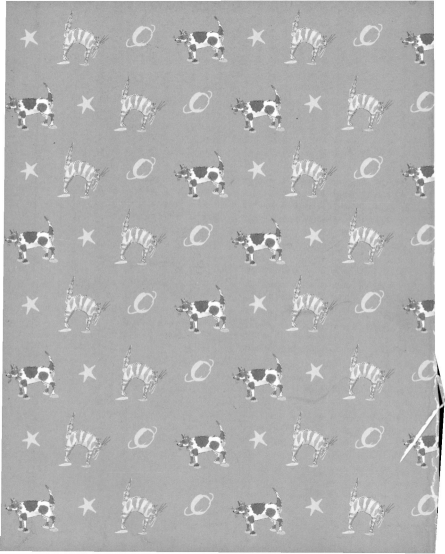